PUEDO CORRER

Marla Conn y Alma Patricia Ramirez

Glosario de fotografías

 caballo

 cebra

 gato

 **guepardo**

 **oso**

 **zorro**

Palabras de alta frecuencia:
- correr
- puede
- un
- una

Un **gato** puede correr.

Un **caballo** puede correr.

Una **cebra** puede correr.

cebra

Un **oso** puede correr.

Un **guepardo** puede correr.

Un **zorro** puede correr.

zorro

Actividad

1. Menciona todos los animales de libro que pueden correr.

2. Crea una tabla con la idea principal y los detalles en una hoja de papel.

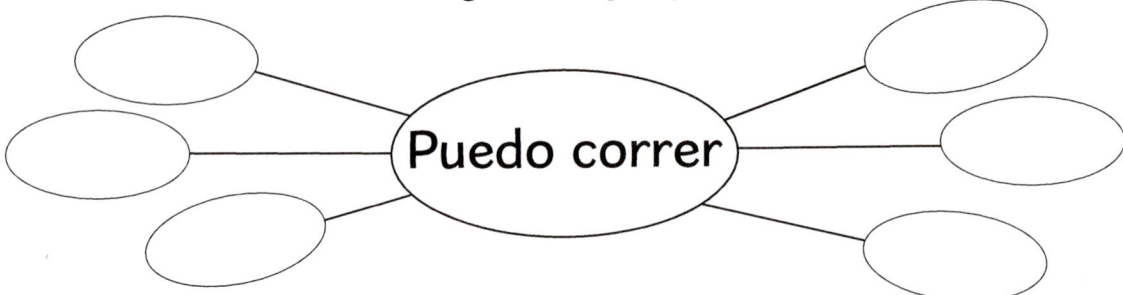

3. Habla y registra en la tabla las relaciones de causa y efecto de por qué los animales corren.
    - Se alejan del peligro (presas).
    - Atrapan comida (depredadores).
    - Juegan.
    - Buscan a su familia.
    - Hacen ejercicio.

4. Escribe una oración acerca de uno de los animales del libro. Haz un dibujo y muéstralo a los demás.